Colección Poesía XXI

INICIACIÓN AL OLVIDO

ediciones
cinca

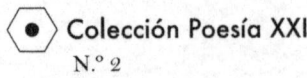

Colección Poesía XXI
N.º 2

1.ª edición: septiembre de 2024

DISEÑO DE LA COLECCIÓN:
Juan Vidaurre

PRODUCCIÓN EDITORIAL,
COORDINACIÓN TÉCNICA
E IMPRESIÓN:
Grupo Editorial Cinca
C/ General Ibáñez Íbero, 5 A
28003 Madrid
Tel.: 91 553 22 72
grupoeditorial@edicionescinca.com
www.edicionescinca.com

DEPÓSITO LEGAL: M-21528-2024
ISBN: 978-84-10167-28-5

Luis Pérez Capitán

INICIACIÓN AL OLVIDO

ediciones
cinca

ÍNDICE

INTEGRACIÓN

I

Saco las manos de los bolsillos

Las apoyo en la baranda

Desde la terraza

Contemplo el cielo gris y el pavimento mojado

Calma

La de las ramas

Sostenidas por el viento

La de los edificios

Amarrados en el aire

La de mi cuerpo olvidado de sí mismo.

Mientras el día transcurre

El movimiento no cesa

Personas, autobuses, coches,

Manchas de diversos colores,

En distintas direcciones

Pero

Sin perturbar

Como un ruido armonioso

En el conjunto del todo

II

No contemplo

Dejarme llevar por un ansia desmedida

Sí continuar

No dejar

Que la tierra me amilane

Que la pesada carga de los años

Determine mi destino.

No contemplo

Sentarme y dejar transcurrir

Observar el pasado como si fuera el presente

Dejar de bracear paralizado por el miedo.

Sí pretendo

Entreabrir mi boca

Asombrado ante el abismo del tiempo

Permanecer

No más fuerte,

No tan soberbio,

Convirtiendo el dolor en un motivo,

Perplejo aun ante la belleza.

III

Sobre los tapices verdes
En el sendero de la luz plateada
En el interior del artilugio metálico
Alertado por las voces
Que susurran e intrigan
Sorprendido del brillo del cabello de la mujer
Que tengo a mi lado
Apenas me atrevo a girar la cabeza
Mientras ella
Desliza el pelo entre sus dedos
Sin significado alguno
Apretando sin cesar sus manos.
De este modo
Me interno en el blanco valle
Sombrío
De colores apagados
Como siempre lo ha sido
No hay tristeza
Solo una leve sonrisa
Un ligero apunte
Entre los blancos edificios en los que duerme mi alma.

IV

En un acto de egoísmo

Esforzado

Me integro en el todo

El suelo que piso

El azul que me envuelve

La luz que se escapa

Me siento más parte de eso

Que de vosotros

Cada día que pasa

Cada instante que termina

Inicia un nuevo abandono.

V

Camino al olvido

Transcurre el sendero

En un andar pausado

Sereno

Sin dejar

Que aquellos

Que enturbian el presente

Molesten

Sin detenerme en el charco de agua clara

Ni extrañamente tentado de ello

Para contemplar

Un reflejo inexistente

Perdido.

Los colores se van difuminando

Solo luz

Brillante, Única y Común.

VI

A veces,

Solo a veces,

La realidad y el sueño se confunden

Acuden a mis recuerdos

Gemidos

De seres que apenas conozco

Sonrisas mutiladas

De personas amadas

Sombras de amigos que permanecen.

En esos momentos de confusión

Soy distinto

Mejor

Capaz de haber vivido

Tantas vidas

En un remolino de memorias integradas

En lo que no sé qué soy.

VII

El paisaje se extiende sin quiebras

Sin ni siquiera

Un tímido azul

Ocre agostado

Entre verdes que se esconden

Pesadas manchas de aceite

En inexistentes humedales

Monótono paraíso

De una realidad

Que no comparto

Que no deseo

La sencillez de sus pasos me despierta

Embebido

En el olor oscuro de la tierra seca

Contemplando

Sus pies manchados por un polvo seco y triste.

VIII

En la vida navegamos

Amigo mío

Buscando destellos de esperanza,

Retazos de hermosos sueños.

En algún momento, arribamos

A una isla

Turbulenta y oscura

Y, sin embargo,

Allí decidimos quedarnos.

No me pidas que te lo explique

Es tu decisión y la mía

Descansar no es una opción

Para aquel que elige

Enfrentarse a la tormenta.

ESTUPOR

I

Dormíamos juntos
Desesperadamente solos
Amarrados el uno al otro
Algo más que entrelazados
Fundidos
Sin esa sensación de pánico
Que uno siente después del primer abandono
Cuerpos deslavazados
Abandonados perezosamente
En un rompecabezas
Fácilmente descifrable.

II

Oigo tus pisadas en el cuarto
Me deslizo entre las sábanas
No dormido
En silencio
Esperando

Tus pies fríos

Tus pechos calientes

Mis manos aguardan el contacto extremo.

Ansío

El acre olor de los cuerpos en la mañana

El despertar agitado de tu boca.

III

A veces me siento ajeno,

La conversación se transforma

En un complejo conjunto de signos

Que forma parte de una lengua

Antigua y extraña

Pero no cedo

No quiero dejar que el silencio me lleve

Que tus ojos

Que tu boca

Me sean tan extraños

Como la realidad que me circunda.

IV

Las líneas de mi viaje se desdibujan

Se hacen más cercanas

Reconozco

Lo que antes solo eran sombras

Como parte de mí

Como parte de ti

Rimas irregulares

En un mundo que adquiere sentido

Así somos amor

Tú y yo

Sin necesitarlo

Pero queriendo

Estar ahí

Sin prisa

Sin esperar lo que ha de llegar

Aprovechando

Cada minuto que se nos concede

Sin dejar ni un instante de gracia.

V

Tu pelo rizado se desparrama en la almohada
Lo saboreo
Como se huele el romero
Desmenuzándolo entre mis manos
Para después asombrado
Dejar que su olor me inunde.
Una mirada,
Un ligero bostezo
Una mano
Que se alarga en contacto con mi cuerpo
Esa es mi esencia
Lo que espero de la vida
Transformado
Integrado en ti
Sin rastro de lo que fue y no debió ser
Respaldado por el arrullo de tus pechos
Como recién nacido.

Confusiones

I

Al final solo
Entre las ruinas de mi habitación
Acariciando los escombros de mi mente
Sin ninguna distracción
Nunca preparado
Para el momento final
Los ojos no dejan de abrirse a la oscuridad
Nado en ella
O mejor
Paralizado por su silencio
Me detengo
Esperando el foco de luz que me lleve
Rápido y sin tránsito alguno.

II

Nado
Entre la perplejidad de mi incomprensión
Y arribo exhausto al extremo
Donde apoyado en la piedra
Puedo entenderte.

III

Este eterno malestar que llevo conmigo
Esta pesada carga
El deambular sin un alto en el camino
La observación estúpida de la nada
Detenerme y dejar de pensar
Abstraerse del Todo
Ante el frío que crece
Como una serpiente se desliza
Sube por la pierna
Crece en mi costado
Ya está en mis hombros
Dueño de mi alma.

IV

Vomitar
Así es esto
Dejar que la ira
El temor se esparza
Salga de ti.
Como un lirio blanco
Nace entre los excrementos
De esta forma concibo lo que veo
Sin angustia
Contemplando el final de la tarea
Como el último brochazo de Turner
En un rojo magnífico y casual.

V

Los sonidos de la noche se derraman
No siento miedo
Es lo único que hoy me acompaña
Ni el sonido de su respiración
Me es conocido
Todo lo no ajeno me es extraño

Tal vez curiosidad

Identificar su sentido

Leer en su memoria.

Susurros en la quietud de lo esperado.

VI. *Otros*

El olor a orina se acerca

Brevemente

Se esconde de nuevo

Y juguetea con mis sentidos

Acelero el paso

Mientras ellos

Apenas levantan la cabeza

Persistiendo en su magnética pereza

¿Siempre estarán ahí?

Nadie los va a retirar de mi camino

Seguirán rompiendo mi calma

Diciéndome como el romano del carro

Quédate con nosotros

Mírate como nosotros te miramos

Miserables pesadillas de una realidad compartida.

VII. *El bucle de recuerdos*

Hastiado de este bucle de recuerdos dichosos
«*Un instante de felicidad acaso no es suficiente para toda una
vida humana.*»
No lo es
Querido Feodor.

VIII

El calor de la noche siguiente,
El sonido del contestador de tu amigo,
Las manos entrelazadas de la pareja de al lado,
La somnolencia manifiesta del pasajero de atrás,
El ruido continuo de las teclas de los laptops al ser pulsadas.
Despierto,
Atento ante lo que me rodea
Ante el agónico calor que me sofoca
Ante la sonrisa cierta y maliciosa
De aquello en lo que no pienso
Del juego en el que no reparo

Del sueño que he perdido

De las risas que no acuden

En el necesario auxilio

En el vasto desierto de ausencias

Allí

En el que tú te encuentras.

Retratos

I. La revelación de Víctor

Mi amigo anda por un sendero estrecho

No con sus piernas,

Que solo en ocasiones le sostienen,

Sentado en su silla

Que le lleva como el antiguo Argos

Por el río de la vida

No es necesario reflexionar

Lo sabe

Acerca del porqué

La ira no existe,

A veces,

Sí, el cansancio

El ansia de abandonarse

A un plácido no ser.

Pero no

La mano de ella

Y saber lo que nadie sabe

Que cada día

Es un iniciar

Aprender, contemplar

Una leve sonrisa

Pararse en los recuerdos

Sosteniendo el presente.

II. *Amistad*

Un instante,

Un momento

Antes de que la ola nos arrastre

Antes de que

Ese amasijo de arbustos y piedras

Nos lleve al mar

Andando sin detenernos

Mirando hacia atrás

Con ternura y risas

Así

Conversamos Javier y yo

En los atardeceres de Grecia

En la tierra donde se inició todo

Sumergiéndonos en el azul del viejo rey,

Encontrando a los dioses bajo los cipreses

Olvidando y recordando
En un círculo que finalizará
Pero no ahora.

III. *Tres*

Basta una media sonrisa,
Una mirada traviesa
Para volver donde ellos creen que es imposible
Para recuperar lo nunca perdido
Negra y porosa
Azul y sal
Así es nuestra isla
En la que nos dejara para siempre
En una eterna juventud
De inocencia, alcohol y desvelo.

En la galería de las fotografías de Auschwitz

I

Aún recuerdo el olor de esas almas,
Han pasado ochenta y siete años
Y siguen ahí
No pueden, no quieren escapar.
Nos dicen,
Como cantando,
Fue posible
Y puede volver a serlo.
El calor sofoca mi rostro
Por la eterna multitud de dolor que acoge estas tierras
No hay complacencia
No puede haber perdón
El castigo debe continuar
Durante generaciones
Para que no se repita
Para no sentir de nuevo
este infamante asco hacia uno mismo.

II. *Aurelia Bienko, número 17545*

Durante cierto tiempo me obsesionó su sonrisa

Por qué sonríe

Con el pelo rapado y el traje a rayas

Claramente desnutrida

Qué la llevó a sonreír ante esa cámara

No lo entendí

Ni sé si ahora lo entiendo

Cierta capacidad para la ironía,

Tal vez,

Un pequeño gesto de un compañero,

Un trozo de comida que había podido arrancar a la muerte

No lo sé

O la conciencia de que ellos morirían también.

Miré su nombre en internet

No encontré nada

No hallé ninguna respuesta

Y, sin embargo,

Solo la belleza de esa absurda sonrisa

Salva a este mundo lleno de mierda

Tal vez otro camino sea posible

Distinto al del apocalipsis al que queremos condenarnos.

III. *Leokadia Rajsca, número 26006*

Pequeña, morena

Algo achaparrada y orejas grandes

Con el pelo trasquilado

Digna

Tranquila

Su expresión sale de su alma

No es una sonrisa

Parece placidez

Sabiduría

Sus ojos brillan

Se salen del papel

Te inundan

En ese pasillo de fotografías de honrados muertos

En esa tierra

Donde te preguntas por qué la raza humana existe

y no se extingue ya.

IV. *Ellos*

Sí

He estado aquí

No lo merecía,

Nadie lo merece,

Tal vez sí

Nuestros carceleros

Pero nada importa

La vida es tan valiosa

Incluso aquí

Me voy,

Me he ido,

Pero soy y lo sé

Solo eso importa.

En Grecia 2024

I

El banco vacío cara al mar
Algunas gotas salpican su madera
Esqueleto de hierro fundido
Destinado a contemplar
Las tranquilas aguas del puerto.
De vez en cuando
Una pareja discute
Un anciano reposa
Un joven hilvana sus sueños
Yo mismo
Interrogo a esa mar que se confunde con el cielo
Es difícil soportar tanta belleza.

II

Las conversaciones

Se sostienen en un lenguaje amigo que no entiendo

Rememoran a HOMERO

A los antiguos héroes

Hoy olvidados

Los rostros que me rodean

Son similares al mío

Una mezcla de razas

Teñida del azul del Mediterráneo

Los ancianos

Ya no cuentan historias de ninfas y sátiros

Los niños

No escuchan la flauta divina a la orilla del río

Se integran todos en el teclado de un móvil

Y, por momentos, ambos

Pierden sus ojos en el azul

Tal vez sueñan

En volver a sus viejos barcos

En rescatar doncellas en la perdida Ilion

O más sencillamente

En la maravillosa brisa que envuelve todo.

III

Un hombre aúlla obscenidades a un sol ardiente,
Un niño reposa su cabeza sobre una roca solitaria.
La mujer les contempla impávida
Absorta
Como si nada fuera con ella
Como si el niño
No fuera el fruto del semen
Que el loco depositó entre sus piernas.
Olvido la escena
Me recuesto
Esperando sumergirme en el Leteo
Días de locura, soledad y vino
Cómo los añoro.

IV

Limpio
Con los ojos al sol
Inundado de la bola roja
Sintiendo
Cada milímetro de lo que me circunda
Y nada de mí

Dichoso

De este momento

Solo

Pero formando parte

Los pies como raíces

El resto de mi cuerpo girado a Él

El eterno dueño.

Restos

I

El otro día leí
Que la poesía debía ser sobre todo reflexión
Y reflexioné
En qué momento dejó de serlo.

II. *Final*

Todo lo que uno es, termina en cascada de papeles
con su nombre en el contenedor de reciclaje.
Con suerte, algo salvará una persona que te quería
o un desconocido curioso,
y un pequeño desliz de tu memoria quedará en el aire.
Sin ellos, se mezclará lo que tu fuiste
con restos de envases de cartón, plástico y
algo de materia orgánica.
Una adecuada metáfora de la realidad.

Este libro se acabó de imprimir en Madrid el día 16 de octubre de 2024, efeméride del nacimiento de Oscar Wilde.